AF586591

LE HAVRE

A L'EXPOSITION UNIVERSELLE

DE 1867.

V

51478

LE HAVRE

A

L'EXPOSITION UNIVERSELLE

DE 1867

PAR

FÉLIX RIBEYRE,

Rédacteur en chef du *Courrier du Havre*

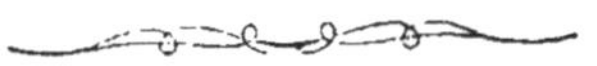

PARIS

E. DENTU, ÉDITEUR,

Palais-Royal, 17 et 19, Galerie d'Orléans.

1867

LE HAVRE

A L'EXPOSITION UNIVERSELLE DE 1867

COUP D'ŒIL SUR L'EXPOSITION.

I.

Il est bien difficile, au sortir du Palais du Champ-de-Mars, de résumer ses impressions sur cet immense assemblage de produits et de merveilles. On éprouve en quelque sorte l'impression d'un sauvage qui serait tout à coup transporté au centre d'une grande et industrieuse cité. On a vu tant de merveilles accumulées, qu'on a l'esprit ébloui aussi bien que les yeux.

Disons tout d'abord que la commission organisatrice a résolu des problèmes d'une difficulté extrême, et son système circulaire, malgré ses imperfections, lui a permis de grouper avec ordre, dans un espace relativement restreint, des productions considérables. Le monde entier est là, en raccourci.

L'effet produit serait admirable, si chaque visiteur, après avoir étudié le plan de l'Exposition, était assez raisonnable pour apporter dans ses investigations un peu de cette régularité qui caractérise l'œuvre grandiose du Champ-de-Mars. Mais non ; aussitôt entré, on voudrait tout voir, tout absorber d'un coup d'œil. Les Français — il faut excuser cet amour-propre national — courent à la section française, et de même pour chaque peuple.

Puis, entraîné, fasciné, on se perd, on s'égare. Un mouvement se produit : c'est un prince. On se mêle à la foule ; on veut examiner ce haut personnage, et on a perdu le fil du labyrinthe.

Du reste, soyons fiers de l'Exposition universelle de 1867. Aucune autre au monde ne peut lui être comparée comme richesse, variété, et surtout comme progrès de l'industrie. Les matières premières, les produits manufacturés, les œuvres utiles et les objets de luxe, les arts industriels et les arts libéraux sont représentés de la manière la plus brillante, et on sort du Palais en se demandant comment il peut y avoir tant de paresseux sur la terre alors que l'activité humaine est sollicitée par de si séduisans et si féconds travaux.

Nous avons comparé plus haut l'immense construction du Champ-de-Mars à une grande cité. C'est, en effet, une véritable ville, avec des rues, des quartiers, des faubourgs. Vous demandez l'indication d'une branche de l'Exposition. On vous répond : Troisième rue à gauche, seconde à droite, et toujours tout droit. Si vous vous trompez, le mal n'est pas grand, car il faudrait tout voir.

Les faubourgs sont représentés par des jardins variés, des chalets, des kiosques, des mosquées, des tours antiques, enfin par une multiplicité de créations originales suivant les goûts et les mœurs de chaque peuple. Plusieurs sont encore inachevées (1) ; mais tout marche comme par enchantement. On peut dire que l'Exposition est complète à cette heure. Elle est magnifique et digne de la France,

Un fait mérite d'être signalé dans cette sorte de préface de l'Exposition, que nous restreindrons ensuite aux exposants havrais et normands. La multitude des visiteurs se porte de préférence non pas vers les matières premières et les splendides produits industriels ; mais vers la section des beaux-arts — il ne faut pas s'en plaindre — et surtout vers les restaurans, cafés et brasseries ; enfin vers la partie récréative et superficielle de l'exhibition. La moindre blanchisseuse de Pontoise, déguisée en Circassienne, a plus de succès que la locomotive la plus perfectionnée.

Mais à côté de cette tendance des esprits légers, il faut signaler aussi l'application attentive des hommes sérieux à comparer les méthodes et les systèmes pour ainsi dire juxtaposés. Il y a un grand enseignement qui ne sera pas perdu et nous pouvons ajouter que beaucoup de personnes regretteront de n'avoir pas pris part à cette exposition véritablement universelle.

En somme, comme toujours, l'organisation de ces grandes assises du travail universel se traduit pour la France par un véritable succès. Nous avons convié le monde entier à un rendez-vous pacifique au Champ-de-Mars, et le monde entier est accouru.

Toute la France voudra visiter ce Palais où l'on trouve le dernier mot de l'industrie moderne.

(1) Juin 1867.

II.

M. Augustin NORMAND

Constructeur de Navires.

Ainsi que nous l'avons indiqué dans un article-préface, rien n'est plus difficile que de rendre un compte méthodique des produits et des œuvres accumulés dans le palais circulaire du Champ-de-Mars. Cette difficulté s'accroît encore s'il s'agit d'aller choisir dans cette splendide agglomération des objets spéciaux variés à l'infini et ne se rattachant que par l'origine identique des exposans.

Essayons cependant d'une manière sommaire et nécessairement imparfaite de signaler le Havre et les produits havrais au milieu de l'exhibition universelle de 1867. C'est un premier coup d'œil que nous compléterons.

La grande galerie circulaire qui forme le principal anneau et comme la ceinture de l'édifice, nous apparaît avec l'animation d'une gigantesque usine. Les machines sont en mouvement, les appareils fonctionnent. La mécanique et la vapeur règnent en souveraines dans ce vaste rayon.

Approchons-nous de la classe 66 ; c'est là une classe essentiellement havraise, car elle est consacrée au matériel de la navigation et du sauvetage. Seulement dans le palais proprement dit nous ne trouverons pas les types de la navigation de plaisance pour lesquels on a disposé une construction spéciale sur la berge de la Seine. De l'aveu de M. Benoît-Champy, président du Comité d'admission de cette classe 66 *bis* : «Paris,

Rouen, Angers ont produit tour à tour des types intéressans, mais les constructions les plus importantes sont sorties des ateliers du Havre. »

Cette remarque nous amène naturellement à parler du grand constructeur havrais, M. Augustin Normand. Bien que non mentionnée au catalogue, son exposition figure dignement tout près des vitrines de la marine impériale.

L'examen des modèles exposés par M. Augustin Normand nous retrace pour ainsi dire l'histoire des constructions navales depuis plus d'un siècle. On y retrouve les plus anciens types, depuis le *Notre-Dame-de-Bon-Secours*, construit vers 1735 par François Normand, bisaïeul de l'exposant, le *Saint-Etienne* et le *Roland*, sortis des chantiers de M. André Normand, son aïeul, en 1758, le *Général-Hamilton*, dû à M. J.-A. Normand, jusqu'au *Napoléon*, depuis le *Corse*, le premier bâtiment à hélice français construit par M. Augustin Normand, au *Grille*, le beau et rapide yacht royal de Prusse, de 160 chevaux, dont la vitesse en eau morte est de 15 nœuds, soit plus de 17 milles anglais, enfin jusqu'au yacht impérial le *Jérôme-Napoléon*, ce beau navire qui a fait à la mer ses preuves, et qui récemment, sous les yeux de S. A. I. le prince Napoléon, réalisait avec succès, d'utiles expériences de lumière électrique.

N'oublions pas dans l'exposition de M. A. Normand plusieurs modèles de navires à voiles, bien connus au Havre, tels que l'*Impératrice-du-Brésil*, le *France-et-Chili*, et ses quatre frères, construits sur le même modèle.

Mais les types nombreux et remarquables que nous offre la vitrine de M. A. Normand, ne nous révèlent qu'à demi les qualités qui distinguent les constructions navales sorties des chantiers renommés de M. Normand. On remarque la forme courte et l'arrière à estain du *Notre-Dame-de-Bon-Secours*, qui contraste avec les arrières si effilés des bâtimens actuels; mais à la perfection des formes, à la grande marche, il faut ajouter la solidité, le fini qui distinguent les constructions de la maison Augustin Normand.

Primitivement établis à Honfleur, les chantiers de cette habile et consciencieuse maison sont devenus havrais depuis longues années. Leur réputation est donc faite et bien faite.

Il est à remarquer que c'est la première fois que M. Augustin Normand expose, et encore, en sa qualité de membre du jury, il est hors de concours.

Son fils, M. J.-A. Normand, a exposé un oscillomètre destiné à mesurer les oscillations des navires. On sait combien il est difficile de trouver un appareil atteignant exactement ce but. L'oscillomètre de M. J.-A. Normand réalise un progrès notable, et, pour prouver l'utilité de cet appareil, nous constaterons qu'un instrument analogue a été exposé par l'amiral Paris.

III.

M. CLOUET

(Maison Delacretaz et Clouet.)

Directeur de l'Etablissement de Produits chimiques.

Afin de ne pas sortir des galeries du Palais de l'Exposition, autant que pour varier ce coup-d'œil sur les exposans havrais, nous nous arrêterons dans le groupe V (produits chimiques), devant la vitrine renfermant les produits de la maison Delacretaz et Clouet, du Havre, où apparaissent de magnifiques cristaux jaunes (chromate neutre de potasse) et rouges bi-chromate de potasse).

On sait que le bi-chromate de potasse est employé aujourd'hui comme mordant dans la teinturerie, c'est-à-dire comme agent établissant l'adhérence de la couleur sur l'étoffe et permettant à cette dernière de supporter des lavages sans déteindre. Les progrès de la science et les savantes études de M. Clouet, gendre de M. Delacretaz, qui depuis longues années dirige seul cet important établissement, ont permis de donner une grande extension à ces produits si recherchés par les industriels de toute l'Europe qui en ont reconnu et apprécié toute la pureté.

Cette usine connue au Havre, à son début, est aujourd'hui considérablement agrandie et compte avec raison parmi les établissemens industriels les plus considérables de notre ville.

Déjà, nous aimons à rappeler ce souvenir, dans les expositions précédentes, tant en France qu'en Angleterre, des médailles d'honneur ont été décernées à la maison Delacretaz et Clouet, et la vitrine qui se trouve dans le palais du Champ-de-Mars doit certainement attirer l'attention du jury.

IV.

M. MAZELINE

Constructeur de Machines, Administrateur délégué de la Société des Chantiers et Ateliers de l'Océan.

Arrêtons-nous aujourd'hui sur l'exposition considérable de la Société anonyme des chantiers et ateliers de l'Océan, dirigée au Havre par M. Mazeline, administrateur délégué.

On sait quelle est l'importance de la maison Mazeline, qui occupe dans notre ville plus de mille ouvriers, et dont les machines connues dans le monde entier existent en si grand nombre dans la marine impériale et dans la marine marchande. Ainsi, pour ne citer que quelques exemples, le *Magenta*, le *Solferino*, la *Flandre*, l'*Héroïne*, la *Gauloise*, la *Magnanime*, sont pourvus de moteurs sortis des usines de ce grand constructeur, qui en a livré plus de cent à la marine.

Mais en dehors des machines marines qui constituent l'œuvre capitale de cet établissemnt, la Société des chantiers et ateliers de l'Océan exécute de nombreuses machines-outils, machines de terre, machines à élever les eaux, machines à faire les briquettes qu'elle s'attache à perfectionner sans cesse. Le riche outillage des ateliers de M. Mazeline, les moyens de production dont il dispose, favorisés encore par l'attachement de ses ouvriers dont il est plutôt le père que le patron, permettent à cet honorable constructeur d'entreprendre les travaux les plus vastes et de les mener à bonne fin.

L'exposition de M. Mazeline ne pouvait donc manquer d'être intéressante. Notre espoir n'a pas été trompé. Les produits des chantiers et ateliers de l'Océan sont nombreux et importans. Pour les examiner en détail, il faut visiter plusieurs classes et passer des galeries intérieures du palais au parc et à la berge.

La première machine qui attire notre attention dans la classe 47 est une machine de la maison Mazeline destinée à agglomérer les briquettes, qui se distingue par son caractère économique, sa solidité et son bon fonctionnement. Un petit modèle au dixième de la machine et qui se manœuvre à la main, en fait comprendre le jeu.

Signalons en passant, dans la classe 53, une machine à vapeur à détente variable en marche et à condensation. Dans la même classe, une petite machine alimentaire se fait remarquer par sa très grande simplicité. Notons encore dans la même classe, mais installée sous le hangar du parc, une pompe à incendie locomobile à vapeur, mise à la disposition de la commission, par M. Mazeline.

Rentrons dans le palais et dirigeons-nous vers la classe 54. Là encore les Chantiers et ateliers de l'Océan sont dignement représentés par de nombreuses machines-outils dont la plus remarquable — elle pèse 34,000 kilos — est une machine à raboter, verticale, à moteur adhérent. Cet appareil breveté n'est pas un des produits les moins curieux de l'exposition de M. Mazeline, nous pouvons ajouter des moins utiles, car une machine qui produit plus de travail en moins de temps rend service à l'industrie.

C'est ce qui a lieu pour la machine à raboter, verticale. Elle permet le travail de rabotage des grosses pièces et dans certains cas elle peut remplacer les machines à mortaiser.

Si nous entrons ensuite dans la classe 66, réservée au matériel de navigation et de sauvetage, non loin de l'exposition de M. Augustin Normand, dont nous avons déjà parlé et tout près de celle de M. David, dont nous rendrons compte aussi, nous trouvons un emplacement assez vaste occupé par des produits sortis des ateliers de M. Mazeline, tels que canon porte-amarre monté sur affût (système du comte d'Houdetot), un certain nombre de modèles de navires, un appareil automoteur pour tuyau de décharge de machines marines (système Mazeline); enfin, un modèle de la machine de 1,000 chevaux (système du *Magenta* et du *Solferino*), réduite au dixième, par M. Jean Sturmlinger, contre-maître, sur les dessins de M. Cody, ingénieur de la Société. Cette réduction d'un important appareil a été offert en hommage par M. Mazeline à l'Ecole d'application du génie maritime de Paris. Nous remarquons aussi des dessins d'appareils de machines marines.

Nous regrettons de ne pouvoir nous arrêter plus longtemps sur cette partie de la riche exposition des ateliers Mazeline. Nous aimerions, par exemple, à examiner le canon porte-amarre du système d'Houdetot, muni d'une fente hélécoïdale pour éviter l'introduction de la corde à l'intérieur. Ce qu'on peut dire, c'est qu'un pareil engin, non de guerre mais de sauvetage, peut rendre d'immenses services dans les sinistres maritimes, et même en cas d'incendie, en substituant un projectile en bois au projectile de métal.

Sortons du Palais où l'industrie européenne a accumulé des produits si variés auxquels la France a donné un cadre splendide, et traversant le parc et ses monumens multicolores, pénétrons par le quai d'Iéna sous le hangar de la berge où est installée la pièce capitale de l'exposition des chantiers et ateliers de l'Océan. Nous voulons parler de la machine horizontale à trois cylindres, de la force de 450 chevaux, dite machine marine Mazeline.

Si nous avons bien compris les qualités et les avantages du système auquel l'habile constructeur havrais a donné son nom, il permet d'économiser l'espace sans nuire à la puissance et se recommande par sa solidité à toute épreuve, par la facilité de manœuvre, de visite ou de démontage. Depuis vingt-cinq ans, ce type de machines reçoit dans les ateliers de M. Mazeline des améliorations successives, et c'est par ce perfectionnement continu qu'on a pu atteindre le résultat que nous avons sous les yeux.

Enfin, on doit au même exposant une forte pompe de refoulement, dite pompe américaine, qui se trouve dans la chambre de chauffage de la machine d'Indret. Cette pompe est d'un système tout nouveau et est appelée à rendre de grands services comme appareil d'épuisement des cales des grands navires.

Après l'énumération trop rapide des nombreuses machines et des types de construction mécanique sortis des usines de M. Mazeline, on supposerait que cette maison se renferme dans ce cadre déjà si vaste. Nullement ; les ateliers de M. Mazeline peuvent fournir des bâtimens complets, et même, le premier, il a construit des canots à vapeur rapides. Il expose cette année le canot à vapeur le *Vauban*, et, dans le même genre, il a construit la *Mouche*, l'*Abeille*, pour S. A. I. le prince Napoléon, le *Puebla*, pour l'Empereur, et divers canots pour les bâtimens cuirassés de la flotte.

Le *Vauban* de l'Exposition qui est ordinairement à flot est en tôle d'acier. C'est tout à la fois un canot de plaisance et un canot de nature à être hissé à bord d'un grand bâtiment. Cette embarcation, élégante de formes, se fait remarquer par un arrière fin et étroit, tandis que l'avant est suffisamment nourri pour lui permettre de bien lever à la lame. Munie d'une machine du genre Pilon, de cinq chevaux, elle peut atteindre une grande vitesse ; enfin elle est pourvue d'une hélice du système Hirsch, dont la construction appartient exclusivement à la Société des chantiers et ateliers de l'Océan.

Dans de telles conditions, le *Vauban*, fin marcheur comme canot de plaisance, peut, en outre, rendre de grands services à bord des grands bâtimens en luttant en cas de naufrage contre la grosse mer.

On voit que la maison Mazeline occupe à l'Exposition de 1867 une place importante et digne de sa réputation. Dans les concours précédens, des distinctions honorifiques ont consacré le mérite de ses produits et des perfectionnemens introduits dans ses machines marines ou autres. Dans la grande exhibition actuelle elle a compris que le passé oblige, comme la noblesse.

V.

M. NILLUS et ses Fils

Constructeurs de Machines.

Chaque exposition internationale a pour ainsi dire son caractère propre et se distingue par une innovation industrielle sur laquelle se porte l'intérêt public. Ainsi l'exhibition de Londres a mis en relief l'application de la vapeur à l'agriculture ; cette année l'engouement des visiteurs est pour les machines à vapeur fonctionnant sur les routes ordinaires. Les expériences qui ont lieu dans les allées du parc attirent une foule considérable. On comprend qu'il y a là une nouvelle conquête de l'homme sur la matière, et le sentiment général applaudit à ces tentatives.

Nous avons donc été heureux de trouver au Champ-de-Mars, dans l'exposition havraise, un appareil pour la locomotion à vapeur sur les routes. Cette voiture à vapeur, puisqu'il faut l'appeler par son nom, sort des importans ateliers de M. Nillus et ses fils, constructeurs au Havre.

On sait que l'importante usine de M. Nillus, sur le quai Colbert, date de près de quarante ans. Elle occupe en moyenne plus de 200 ouvriers dans de vastes ateliers de forge, de montage, de tours et de fonderie. Sa spécialité embrasse trois branches principales : la construction des machines à vapeur, des navires en fer et des appareils de sucrerie.

M. Nillus, déjà honoré, comme industriel, en 1849, de la croix de la Légion-d'Honneur, a obtenu à l'Exposition de Londres une médaille d'honneur pour une machine marine. Ce sont là des souvenirs qu'il est opportun de rappeler. Revenons à son exposition actuelle et à la voiture à vapeur.

Cette machine est construite d'après le système de M. Zambaux, ingénieur à Paris, système qui paraît fort apprécié. Le moteur est de six chevaux. Elle se recommande par certaines dispositions spéciales qui ont été brevetées récemment.

La maison Nillus et ses fils expose, en outre, dans la classe 53 et sous le numéro 89 un appareil à triple effet pour sucrerie, qui se distingue par un système nouveau perfectionné appliqué à l'évaporation des jus sucrés.

Les personnes qui s'occupent du matériel et des procédés des usines agricoles et des industries alimentaires savent que la maison Cail possède un brevet pour un système de triple effet. M. Nillus exploite avec M. Zambaux un système différent qui a déjà reçu des applications et particulièrement à l'usine de Pont-Rouge à Anisy-le-Château, près Soissons. Depuis neuf ans le succès a répondu à l'attente de l'inventeur.

L'appareil qui figure au Champ-de-Mars comporte trois chaudières verticales. On peut voir deux des chaudières entourées de leur enveloppe de bois vernis et la troisième, sans enveloppe, laisse à nu l'intérieur et permet de se rendre compte de la disposition des tubes qui en fait le caractère propre.

Ajoutons que la maison Nillus, avec le concours de M. Benjamin Normand, construit en ce moment un navire à hélice de 350 tonneaux et de 70 chevaux de force pour la Compagnie du Finistère (ligne de Brest et Morlaix au Havre), et un bateau à roues pour passagers destiné au port de La Rochelle. L'un et l'autre doivent donner des résultats exceptionnels sous le rapport de la vitesse et surtout au point de vue de la consommation de charbon.

C'est là, en effet, l'un des caractères distinctifs du système de M. Benjamin Normand, dont nous avons à parler, du reste, comme exposant havrais.

VI.

M. Benjamin NORMAND

Ingénieur-Constructeur.

Ce n'est pas que les machines envoyées par cet ingénieur-constructeur soient nombreuses. Le temps ne lui a pas permis de compléter, comme il l'aurait désiré, sa participation au concours international de 1867, et on regrette principalement l'absence des machines à scier les bois courbes qu'il avait été admis à faire figurer. On n'ignore point que ces appareils brevetés sont aujourd'hui employés dans tous les arsenaux de la marine. On sait aussi qu'un certain nombre ont été admis par les marines étrangères.

Nous n'avons donc pu voir à l'Exposition qu'une petite scie droite qui offre ce double avantage de pouvoir débiter le bois en grume et aussi de refendre les madriers en plateaux. C'est une scie à double usage dont la maison B. Normand a déjà livré un grand nombre dans les dernières années. Le type exposé est le plus petit modèle.

M. B. Normand possède aussi à l'exhibition de Paris une machine à vapeur fixe de vingt chevaux de force nominale, à deux cylindres verticaux et à mouvement renversé.

Parmi toutes les machines exposées, celle-ci présente incontestablement les plus grandes facilités d'installation. On en jugera lorsque nous dirons que l'espace occupé est moindre de la moitié de l'emplacement nécessaire pour les machines à balancier ou horizontales de même puissance.

Cette machine fonctionne suivant le système qui a été inauguré, il y a quelques années par M. B. Normand, et qui s'applique aussi bien aux machines marines qu'aux machines fixes. Il consiste à conjuguer, pas des manivelles à angles droits, les cylindres de capacité croissante d'une machine de Woolf, en séchant la vapeur dans son passage du premier au second cylindre.

Cette combinaison permet de réaliser tous les avantages de la double détente avec la compensation des points morts et de constituer une machine marine réalisant 50 pour cent d'économie comparativement au système ordinaire, sans accroissement de complication et de poids.

Les appareils envoyés à l'Exposition par M. B. Normand nous font encore plus regretter qu'il n'ait pu exposer ses autres types de machines marines, fixes et locomobiles.

VII.

M. DAVID et Ce

Fabricans de Câbles-Chaînes.

Arrêtons-nous maintenant devant une exposition havraise fort intéressante aussi, celle de M. David et Ce, fabricans de câbles-chaînes. Les produits de cette maison se trouvent tout à la fois dans le palais (classe 66) aux n°s 23 et 81 et dans le parc.

La maison David, fondée au Havre vers 1831, a acquis une véritable réputation dans la fabrication des câbles-chaînes. Dans cette spécialité, si importante pour la marine, M. David apporte autant d'habileté que de conscience. Souvent, à la solidité d'un câble-chaîne est attachée la vie d'un équipage et la fortune d'un armateur. Le moindre maillon défectueux compromet la solidité de la chaîne. Aussi la maison David s'honore avec raison de l'appréciation de M. l'amiral de la Roncière le Noury, formulée en ces termes : « M. David fabrique pour le commerce des câbles-chaînes dont les maillons ont jusqu'à 42 millimètres de diamètre. Il a fourni les chaînes à plus de 600 navires et le commerce se plaît à reconnaître la supériorité de sa fabrication, garantie par les essais qu'il a fait subir à toutes ses chaînes. »

Ce n'est pas seulement par ses qualités que la fabrication des chaînes de mouillage David — c'est ainsi que les marins les nomment — rend service au commerce, c'est aussi en s'opposant à l'invasion des produits inférieurs et imparfaits qui peuvent entraîner la perte d'un bâtiment. Un tel produit, aussi *honnêtement* fabriqué, mérite donc des encouragemens.

On doit à M. David un autre appareil. C'est un système de gouvernail parfaitement apprécié par les hommes compétens et qui figure déjà sur un nombre considérable de navires du port et ailleurs.

Mais nous tenons à signaler d'une manière toute particulière son cabestan placé sur la berge et qui constitue à notre avis la partie principale de l'Exposition de la maison David.

Depuis longtemps on est à la recherche d'un appareil pouvant virer continuellement sans *bosser* ni *choquer*. Dès 1737 l'Académie des sciences proposait un prix pour encourager les inventeurs à se livrer à l'amélioration du cabestan. M. David a atteint le but désiré par son système dit à lunette d'escargot, virant à l'infini, sans bossage ni choquage, au moyen d'un cercle de fer placé dans une position inclinée. Cet appareil si ingénieux dans sa simplicité a subi avec succès toutes les épreuves. On le trouve installé sur le yacht impérial le *Jérôme-Napoléon* et sur un grand nombre de navires de commerce.

Mentionnons encore en terminant dans l'exposition de M. David les modèles d'ancres dont les jas sont disposés de telle façon qu'ils ajoutent à la solidité de l'ancrage.

En somme, par les noms et les produits que nous avons cités et par ceux qu'il nous reste encore à mentionner, on peut voir que le Havre tient honorablement sa place dans la grande revue industrielle du Champ-de-Mars.

VIII.

M. NILLUS le Jeune

Constructeur-Mécanicien

Un des côtés les plus curieux de l'Exposition de Paris, c'est le mouvement, l'animation et la vie donnés à l'ensemble de cette œuvre grandiose. Au lieu de produits inertes, de machines inanimées, on voit s'agiter et fonctionner cette agglomération industrielle. Le sang circule dans ce vaste palais et ses alentours.

Le service hydraulique en particulier (arrosage, production et condensation de la vapeur, assainissement, lavages, cascades, rivière, etc.) a été organisé sur une vaste échelle. Il fallait fournir chaque jour à l'Exposition autant d'eau qu'en consommerait une ville de 100,000 âmes.

Pour atteindre ce but, sans faire appel aux ressources hydrauliques de la ville, les organisateurs de l'Exposition ont créé un service distinct auquel plusieurs exposans prennent part par le concours de pompes puissantes.

C'est là que nous trouvons les appareils sortis des ateliers de M. Nillus le jeune, constructeur-mécanicien au Havre.

Nous remarquons d'abord un semi-locomobile à retour de flamme et à condensation, qui se distingue par sa grande étendue de surface de chauffe. Cette disposition permet d'augmenter considérablement la force nominale en chevaux de l'appareil. Du reste, ce système a déjà fait ses preuves en fonctionnant jour et nuit, sans réparation, pendant plus de deux années pour des travaux d'épuisement. Trois machines semblables travaillent sur les terrains de l'ancienne Citadelle du Havre, et la maison Nillus en a livrées à un grand nombre d'établissemens.

A Paris, dans le parc de l'Exposition, la semi-locomobile de M. Nillus le jeune fait mouvoir un autre appareil sorti de l'usine du même constructeur havrais.

Ce second appareil, composé de quatre corps de pompes, élève l'eau jusqu'à douze mètres pour le service hydraulique du Champ-de-Mars, mais il pourrait atteindre une plus grande hauteur. Il nous a paru remarquable par la simplicité de sa construction et par l'absence de frottement dans le jeu des pistons. On peut ainsi élever des eaux vaseuses sans inconvénient pour l'appareil, comme cela arrive dans les travaux de la citadelle.

Nous savons que la maison Nillus le jeune construit aussi d'après son système des pompes à mains fixes et roulantes, sans frottement, qui sont employées avec succès dans la marine. Une de ces pompes figure à l'Exposition dans un des hangars du parc.

On voit, d'après les indications qui précèdent, que l'établissement de M. Nillus le jeune s'occupe principalement de la construction des machines locomobiles de son système breveté, d'appareils d'épuisement également de son système. Mais cette maison exécute en outre tous les gros travaux de chaudronnerie et en général tout ce qui concerne la construction des machines.

Aux expositions de Londres et de Paris, l'appareil

d'épuisement de M. Nillus le jeune a obtenu une médaille d'honneur.

IX.

M. S. VISSIÈRE

Constructeur de Chronomètres.

Quittons maintenant le parc pour rentrer dans l'intérieur du palais et pénétrer jusqu'au groupe 3, qui embrasse le mobilier. Mais le mobilier, on peut dire que c'est tout un monde, et nous ne voulons nous occuper que d'une seule classe, la classe 23, qui, sous le titre d'horlogerie, comprend les régulateurs astronomiques, les montres marines et les chronomètres. Un nom havrais s'offre à nous : c'est celui de M. S. Vissière, constructeur de chronomètres dans notre ville.

La maison Vissière s'est établie au Havre en 1851. Elle s'occupe spécialement de l'horlogerie nautique et en particulier de la construction des chronomètres.

Depuis 1849, M. Vissière a vu ses produitsadmis et distingués aux expositions. En 1849, il obtenait une médaille d'argent. A Londres, en 1851, le jury lui décerna une *prize-medal*. En 1855, à Paris, M. Vissière recevait une médaille d'argent de 1re classe ; à l'exposition régionale de Rouen, en 1859, une médaille d'or de la ville de Rouen ; enfin, à Londres, en 1862, à l'Exposition universelle, il a obtenu une médaille d'honneur.

Ajoutons que M. Vissière, qui fournit un grand nombre de chronomètres à la marine impériale, a eu outre obtenu trois primes aux concours ouverts au dépôt des cartes et plans de la marine.

Cette année la maison Vissière expose deux chronomètres, et la meilleure manière d'en faire l'éloge, c'est de dire qu'ils ont été construits sur les mêmes principes que ceux qui ont obtenu les primes dont nous venons de parler. N'oublions pas de mentionner que M. Vissière a fourni une pendule astronomique à l'Observatoire du dépôt de la marine.

Cet honorable exposant a été décoré de la croix de la Légion-d'Honneur à la suite de l'exhibition de Londres et il est permis de supposer que ses instrumens lui mériteront encore cette année une récompense, à moins que les nombreuses médailles et distinctions qui lui ont été déjà décernées ne le mettent hors de concours.

X.

M. E. JOLY

Spécialité de Cafés.

Quittons le groupe 3 pour le groupe 10 et passons à une classe des plus intéressantes (n° 91), car elle embrasse les meubles, vêtemens et alimens de toute espèce distingués par les qualités utiles *unies au bon marché*.

Parler de bon marché à notre époque et en pleine exposition c'est fort audacieux et nous comprenons assez facilement que sur les deux mille demandes le comité ait réduit à *six cent cinquante* le nombre des admissions. Les élus n'en ont que plus de mérite et c'est pour cela que nous sommes heureux d'y voir figurer deux exposans havrais. M. Joly (ancienne maison Dubec jeune) et M. Letourneur.

M. E. Joly a exposé des cafés torréfiés. Il faudrait ne pas aimer cette liqueur exquise pour méconnaître combien est difficile, délicate et importante l'opération de la torréfaction. La célèbre maison Corselet du Palais-Royal n'a pas d'autre mérite que de donner à ce produit torréfié un arome délicieux et recherché des gourmets. Nous ignorons quel est le système particulier employé par M. Joly ; mais il est certain qu'il arrive à un résultat excellent et que ses cafés sont en honneur sur les tables havraises.

XI.

M. LETOURNEUR

Pâtisseries sèches.

C'est aussi au dessert qu'on peut apprécier les pâtisseries sèches exposées par M. Letourneur. Ces friandises à la manière anglaise, faciles à transporter et à conserver, méritent leur réputation. Autour d'une tasse de thé, aussi bien que dans un voyage au long-cours, ces biscottes appétissantes sont fort recherchées et rivalisent avec celles de Bruxelles. M. Joly et M. Letourneur en bons voisins se sont entendus pour offrir à l'Exposition des produits délicieux.

XII.

M. MERLIÉ-LEFÈVRE et Ce

Corderie Havraise.

Nous revenons une fois encore, — et ce ne sera pas la dernière, — à la classe si intéressante du matériel de la navigation et du sauvetage. Le Havre est là, en effet, sur son terrain. Il se trouve pour ainsi dire chez lui. A droite, à gauche, au centre, sont des produits de connaissance ; car rien de ce qui touche à la marine n'est étranger à la ville fondée par François Ier.

Approchons-nous du numéro 62. C'est là que la *Corderie Havraise* (Merlié-Lefèvre et Ce) a exposé les spécimens des cordages si estimés qu'elle livre au commerce et à la marine des cinq parties du monde.

On sait que cette maison, fondée vers 1833, a pris depuis vingt ans une extension considérable. Jusqu'alors la Russie, les ports de Bordeaux et de Bayonne approvisionnaient le Havre des cordages nécessaires à la marine et au commerce extérieur. Mais vers 1847, la *Corderie Havraise* acquit une telle importance basée sur la qualité de ses produits, qu'elle absorba en quelque sorte les fournitures de la place et une partie des fournitures extérieures. Aujourd'hui, les cordages de la maison Merlié-Lefèvre et Ce sont appréciés partout, dans les colonies et jusqu'aux Indes. Elle fait même de fréquens envois à Singapour et à Saïgon.

Aussi il n'est pas étonnant que cet établissement industriel ait obtenu un grand nombre de médailles à toutes les expositions depuis 1849. En voici la liste si flatteuse pour la maison Merlié-Lefèvre et Ce : 1844, médaille d'argent (Paris). — 1849, médaille d'or (Paris). — 1851, médaille unique (Londres). — 1852, médaille de bronze (Hollande). — 1853, médaille de bronze (New-York). — 1855, médaille d'honneur (Paris). — 1858, médaille en vermeil (Rouen). — 1866, médaille d'or (Boulogne).

En 1862, à Londres, la *Corderie Havraise* n'a pas exposé, faute de place. Ajoutons qu'à la suite de l'exhibition de 1851, à Londres, M. Merlié-Lefèvre père fut décoré de la croix de la Légion-d'Honneur.

Cette année, dans le palais du Champ-de-Mars, au milieu des engins si variés de notre matériel naval, la maison Merlié-Lefèvre figure par des spécimens de ces produits. Nous retrouvons là les types des cordages servant aux basses carènes des navires marchands. Signalons aussi un spécimen de câbles pour carrières, un cordage en six pour servir comme étai d'un navire de 12 à 1500 tonneaux, un autre pour bas-haubans d'un navire de 800 tonneaux, et enfin un spécimen de grélin pour navire de 700 à 800 tonneaux. Une mention toute spéciale est due au câble de carrière recouvert en lignes blanches.

Ce qu'il faut ajouter, c'est que les produits de la *Corderie havraise* se distinguent autant par la bonne fabrication que par la pureté des chanvres employés, et que son installation lui permet de fabriquer quatre mille kilogrammes de cordages par jour.

Une branche nouvelle est venue, depuis trois ans, s'ajouter à la spécialité de la maison Merlié-Lefèvre ; nous voulons parler de la fabrication des câbles en fil de fer. Elle a exposé des spécimens de ce genre de cordage tout moderne qui, comme cordages dormans d'un navire, unit le bon marché à la solidité.

Ce n'est pas tout ; dans la classe de la navigation de plaisance, nous retrouvons les produits de la Corderie havraise, qui a exposé un spécimen de hauban avec amarrages et ris en fer pour yachts de plaisance et plusieurs types très beaux de cordages en chanvre de Manille pour ces mêmes yachts. L'importance que prend en France la navigation de plaisance, le *yachting*, comme on l'appelle, exige qu'on se préoccupe de ses besoins. C'est, du reste, la *Corderie havraise* qui fournit en grande partie les cordages employés par le sport nautique du Havre et de Paris.

XIII.

M. E. DUBOSC et Ce

Fabricants de Produits chimiques.

Une des nécessités de notre revue havraise de l'Exposition de 1867, c'est de nous promener en tous sens dans cette ville merveilleuse où le travail de l'homme se révèle sous un jour si brillant. Impossible, nous l'avons dit au début, de suivre un ordre méthodique dans ce dédale où l'on tourne sans cesse dans des galeries concentriques. C'est ainsi qu'en quittant le matériel de la navigation, nous nous retrouvons dans la classe des produits chimiques et pharmaceutiques.

Nous avons déjà apprécié les produits de l'importante maison havraise Delacretaz et Clouet. Un autre exposanthavrais figure honorablement dans cette classe; c'est M. E. Dubosc et Ce, fabricants de produits chimiques.

La maison Dubosc, fondée depuis cinq ans au Havre, s'occupe de la fabrication des produits chimiques, mais spécialement des extraits de bois de teinture. Ces extraits, employés pour la teinture et l'impression des étoffes, ne pouvaient autrefois être obtenus qu'à des prix élevés. L'industrie moderne s'efforce de réaliser le problème de la production à bon marché, et dans cette voie M. E. Dubosc a concouru largement à vulgariser l'emploi des extraits de bois de teinture.

Un sinistre récent a détruit l'usine de la maison Dubosc et Ce, située rue du Prince-Jérôme; mais ces honorables industriels reportant toute leur énergie sur une autre fabrique créée à Graville-Sainte-Honorine sur un plan très vaste et dans les meilleures conditions de succès seront promptement en mesure de reprendre le cours d'une fabrication prospère. L'établissement de Graville-Sainte-Honorine, élevé de toutes pièces et muni des ressources d'un outillage perfectionné, se distinguera par des combinaisons ingénieuses et économiques qui permettront d'utiliser même des résidus jusque-là perdus ou brûlés sans profit.

La maison Dubosc a exposé deux séries de produits dont le nombre s'élève à 72. Une partie représente la fabrication des extraits, l'autre la fabrication des acides acétiques qui en dérivent. Ces produits se distinguent autant par la qualité que par le bas prix auquel cette maison peut les livrer.

M. E. Dubosc a déjà vu ses produits admis aux expositions de Bayonne, Dublin, Porto, Stettin et Bordeaux. Autant d'expositions, autant de médailles.

De tels résultats en si peu d'années indiquent suffisamment sur quelles données intelligentes et pratiques repose la fabrique de produits chimiques de M. E. Dubosc. Le rapport de M. Menier, membre du jury international, le constate par cette réflexion si juste : « Pour se faire dans des conditions économiques, le travail des produits chimiques exige de grands emplacemens, des constructions spéciales et un outillage coûteux; par conséquent, une mise de fonds qui écarte la fabrication morcelée. »

Ajoutons qu'au point de vue de l'industrie havraise, la création d'un établissement pareil offre un grand avantage pour l'importation des bois, qui sont ainsi attirés vers notre port. Pour donner une idée de cet avantage, il nous suffira de dire que l'année prochaine la fabrique de MM. Dubosc et Ce, à Graville, n'emploiera pas moins de quinze mille tonnes de bois de teinture. L'écoulement de ses produits dans toute l'Europe centrale est assurée, car nulle part, croyons-nous, on ne se livre aux extraits de bois de teinture sur une aussi vaste échelle.

Mais la maison Dubosc ne s'est pas contentée d'avoir des appareils nouveaux, d'appliquer des méthodes toutes récentes, elle a voulu aussi améliorer le sort des ouvriers qu'elle occupe, et dans ce but, outre des récompenses décernées aux plus méritans, elle établit autour de l'usine une sorte de cité ouvrière, c'est-à-dire des petites maisons propres et même confortables pour les anciens ouvriers. On aime à voir les bons sentimens d'humanité marcher ainsi de pair avec les progrès industriels.

XXIV.

M. Abel LEMARCHAND

Constructeur de Navires.

M. Abel Lemarchand, du Havre, a envoyé à l'Exposition, sous le n° 63, un modèle de yacht, goëlette de 30 tonneaux. On voit au premier coup-d'œil que ce n'est pas là un bateau de course, mais de voyage tenant bien la mer et dont la forme se prête à un emménagement complet.

M. A. Lemarchand y a joint un croquis de voilure présentant une nouvelle disposition. L'avant, en effet, est gréé comme un côtre et non comme une goëlette. La mâture, reportée beaucoup en arrière, permet de manœuvrer facilement et de donner plus de finesse à l'avant.

Le même constructeur havrais a exposé un canot de chasse et de pêche du genre *picoteux*. Malgré la petitesse de cette embarcation, elle présente une grande stabilité et possède de bonnes qualités nautiques. La voilure, d'après le croquis, n'offre rien de particulier.

M. Abel Lemarchand est aussi le constructeur d'un *youyou* faisant partie de l'armement du yacht à vapeur *Croissy-Vernon*, appartenant, comme nous l'avons dit plus haut, à M. Perignon, de Paris, et exposé sous son nom. Ce canot, excessivement léger, peut porter un nombre considérable de personnes, malgré ses proportions très exiguës.

La maison Lemarchand compte, du reste, parmi

les anciennes maisons de constructions navales du Havre. Elle date du commencement du siècle et de nombreux navires sont sortis de ses chantiers. M. Abel Lemarchand, en s'appliquant à perfectionner ses modèles, marche sur les traces de son père et de son grand-père, également constructeurs estimés au Havre.

XXV.

M. J.-L. GAUDIBERT Fils

Toujours dans la même classe, 66 *bis*, M. J.-L. Gaudibert fils a exposé un modèle et plan en relief d'un bateau-pilote. Cette indication sommaire mérite d'être développée. Le bateau de M. Gaudibert, en effet, est l'expression d'une idée déjà poursuivie depuis longtemps. Il n'a pas voulu produire une embarcation de course, mais un type de bâtiment employé usuellement et utilement à la mer, le vrai bateau-pilote, non pas seulement français, mais essentiellement havrais.

Voulant rendre justice à qui de droit, il ne revendique pour sa part que l'installation de la *Marguerite*, c'est le nom de l'embarcation exposée. Désignons donc comme constructeur des plans M. le capitaine Trubert, de la maison Masurier, bien connu au Havre par ses diverses constructions; comme charpentiers, MM. Esterlingot père et fils ; voilier, M. Brouard ; gréeur, M. l'Hostis, et comme forgeron M. Lemaître.

La *Marguerite*, de 15 tonneaux, gréé en côtre, renferme une soute aux voiles, une soute aux provisions, une chambre-salon où l'on a sa hauteur, une chambre à coucher, cabinet de toilette et autre, enfin la cuisine et le logement de l'équipage.

Dans de telles conditions, la *Marguerite* réalise un véritable progrès dans le bateau-pilote, et nous sommes heureux de constater que, construit de toutes pièces au Havre, il avait sa place marquée dans un concours de perfectionnement des constructions navales.

XXV.

M. E. LAHURE

Bateaux de Sauvetage.

Nous touchons au terme de ce petit voyage à la recherche des produits havrais à l'exhibition internationale du Champ-de-Mars. Encore quelques noms et cette visite maritime, industrielle et artistique sera terminée.

Dans le cours de notre revue, le mot de sauvetage est déjà venu plusieurs fois sous notre plume ; mais nous n'avons pas encore désigné les trois noms havrais dans lesquels s'incarnent, en quelque sorte, le sauvetage maritime, au point de vue de l'exposition ; ce sont ceux de MM. Lahure, Moué et Torrès. On sait que ce dernier, mort récemment, laisse après lui un nom auquel s'attache la gloire d'avoir inventé un appareil qui le place au rang des bienfaiteurs de l'humanité.

M. Lahure figure à l'Exposition de Paris par une yole de sauvetage insubmersible en tôle d'acier. Le système de cet honorable inventeur-constructeur est trop connu dans notre ville et ailleurs pour qu'il soit opportun de rentrer dans des discussions irritantes. Que la Société de sauvetage ait cru devoir adopter le bateau anglais du système J. Peake, c'est là une question qui la regarde ; mais il ne faut pas conclure de cette préférence que M. Lahure n'a pas rendu un immense service au sauvetage maritime en se consacrant à créer un type de bateau d'une matière solide comme la tôle d'acier insubmersible, possédant la faculté de redressement et la possibilité de naviguer dans la grosse mer à la voile et à l'aviron.

Ces qualités essentielles pour un bateau de sauvetage se trouvent complétement dans le système Lahure, et un peu plus tôt un peu plus tard, il faudra bien que pleine justice lui soit rendue.

XXVI.

M. MOUË

Bateaux de Sauvetage.

M. Mouë a exposé, lui aussi, un bateau de sauvetage insubmersible. Nous ne pouvons que répéter ce que nous avons dit plus haut en expliquant notre intention de ne pas rallumer un débat passionné, débat qui, devançant l'appréciation du jury et la distribution des récompenses, serait plus qu'inopportun. Le bateau Mouë a donné en plusieurs circonstances des résultats satisfaisans. S'il a soulevé des critiques, il a provoqué aussi des éloges chaleureux, et, à l'exposition régionale de Rouen, il a obtenu, ainsi que le bateau Lahure, la médaille d'argent grand module. Ce sont là des titres qu'il serait injuste de méconnaître.

XXVII.

M. Salomon TORRÈS

Lignes de Sauvetage.

Les lignes de sauvetage de M. S. Torrès ne soulèvent aucune polémique, car il n'y a qu'une voix pour répéter avec l'amiral Rigault de Genouilly que « M. Torrès a rendu un grand service à la cause du sauvetage ; l'appareil auquel son nom est et demeurera attaché a déjà secouru bien des personnes ; le temps en développera l'usage et en multipliera les services. »

Ces paroles, si vraies et si honorables pour l'inventeur havrais sont extraites de la lettre qui accompagnait la médaille offerte par la Société centrale de sauvetage des naufragés à la famille de M. Torrès comme un tribut de reconnaissance. On voit que si la route des inventions les plus utiles est hérissée d'obstacles, elle offre aussi des satisfactions légitimes.

XXVIII.

M. TOPSENT — M. G. LEFEBVRE — LA SOCIÉTÉ D'AGRICULTURE PRATIQUE DE L'ARRONDISSEMENT DU HAVRE — M. NICOLE — M. DUMÉNIL-LEBLÉ.

Ne quittons pas la classe 66 *bis* sans mentionner le nom du capitaine Topsent qui, sous le numéro 42, a exposé les plans d'une plate de pêche et de voyage. On aime à voir les marins utiliser ainsi l'expérience qu'ils ont acquise. Citons aussi, mais dans un autre groupe et une autre classe, celle des produits de toute sorte fabriqués par des ouvriers chefs de métier, un modèle de navire exposé par M. G. Lefebvre, ouvrier au Havre. Nous souhaitons que, pour M. Lefebvre, le vœu de la commission impériale se réalise et que, de la condition de chef de métier, il puisse s'élever un jour, par le travail et la prévoyance, au rang de chef d'industrie.

La Société d'agriculture pratique de l'arrondissement du Havre, présidée par M. de La Londe du Thil, a exposé à l'exemple de plusieurs autres Sociétés, les produits agricoles de notre région. Enfin M. Nicole, en attendant d'offrir aux Havrais le spectacle d'une exposition maritime internationale, a voulu lui-même prendre part à l'exhibition de Paris en envoyant des spécimens de pisciculture, branche nouvelle de science et d'industrie dont il s'est occupé d'une manière spéciale. Nous croyons que M. Nicole se préoccupe beaucoup moins de ses produits exposés que de l'œuvre considérable dont il est le promoteur,

Nous ne terminerons pas sans mentionner le nom de M. Duménil-Leblé, fabricant d'encre au Havre, qui a exposé dans la classe 44, les produits de cette maison si honorablement connue par son *Encre de Cany*.

Cette encre inventée en 1790 par M. Leblé, de Cany, n'a jamais cessé d'être très répandue dans le commerce et très appréciée. Aujourd'hui la maison Duménil-Leblé en fournit de grandes quantités à toute la France et à l'étranger.

On sait en effet combien il est difficile d'obtenir une encre limpide et inaltérable. L'Encre-Cany ne s'efface ni par le frottement ni par le lavage à l'eau. Sa teinte violette devient rapidement d'un beau noir qui résiste à l'action du temps. Ce sont ces qualités qui ont fait le succès de l'Encre-Cany.

L'Encre communicative de la même maison n'est pas moins recherchée par le commerce pour les presses à copier, qui sont devenues d'un usage si général.

Nous souhaitons que le Jury fasse l'essai de l'encre de la maison Duménil-Leblé, pour l'inscrire parmi les lauréats de l'Exposition.

Tel est, sauf erreur ou omission involontaires, le bilan des produits havrais au grand concours industriel du Champ-de-Mars. Cette participation à la plus importante exhibition universelle qui ait eu lieu encore n'est ni sans gloire, ni sans intérêt. La ville de François Ier tient dignement sa place au grand tournoi pacifique du travail organisé sous Napoléon III.

(Extrait du *Courrier du Havre*).

Havre.— Imp. CARPENTIER et Ce, rue Beauverger, 2.

OUVRAGES DU MÊME AUTEUR :

La Paix et l'Opinion, brochure politique (3e édit.), grand in-8°. 1859.

L'Invasion Autrichienne ou les Français en Italie, pièce en un acte (*en collaboration avec M. Besombes*), représentée en mai 1859.

Les grands Journaux de France, revue historique et biographique de la Presse parisienne (*en collaboration avec M. Jules Brisson*), un fort vol. grand in-8°. 1861-1862.

Histoire de la Guerre du Mexique (2e édit.), un vol. grand in-8°. 1864.

Le Corps Législatif. — Biographie des Députés (3e édit.), un vol. grand in-12. 1865.

Le Couronnement de l'Edifice, brochure politique, in-8°. 1867.

Relation du Voyage en Lorraine de S. M. l'Impératrice et du Prince Impérial, volume-album in-folio, illustré. Henri Plon, éditeur 1867.

Le Docteur Blanchet, esquisse biographique (2e édit.), in-8°. 1867.

EN PRÉPARATION :

La Vie d'un Poète Normand : Léon Buquet, un vol. in-8°.

BIBLIOTHÈQUE IMPÉRIALE IMPR.

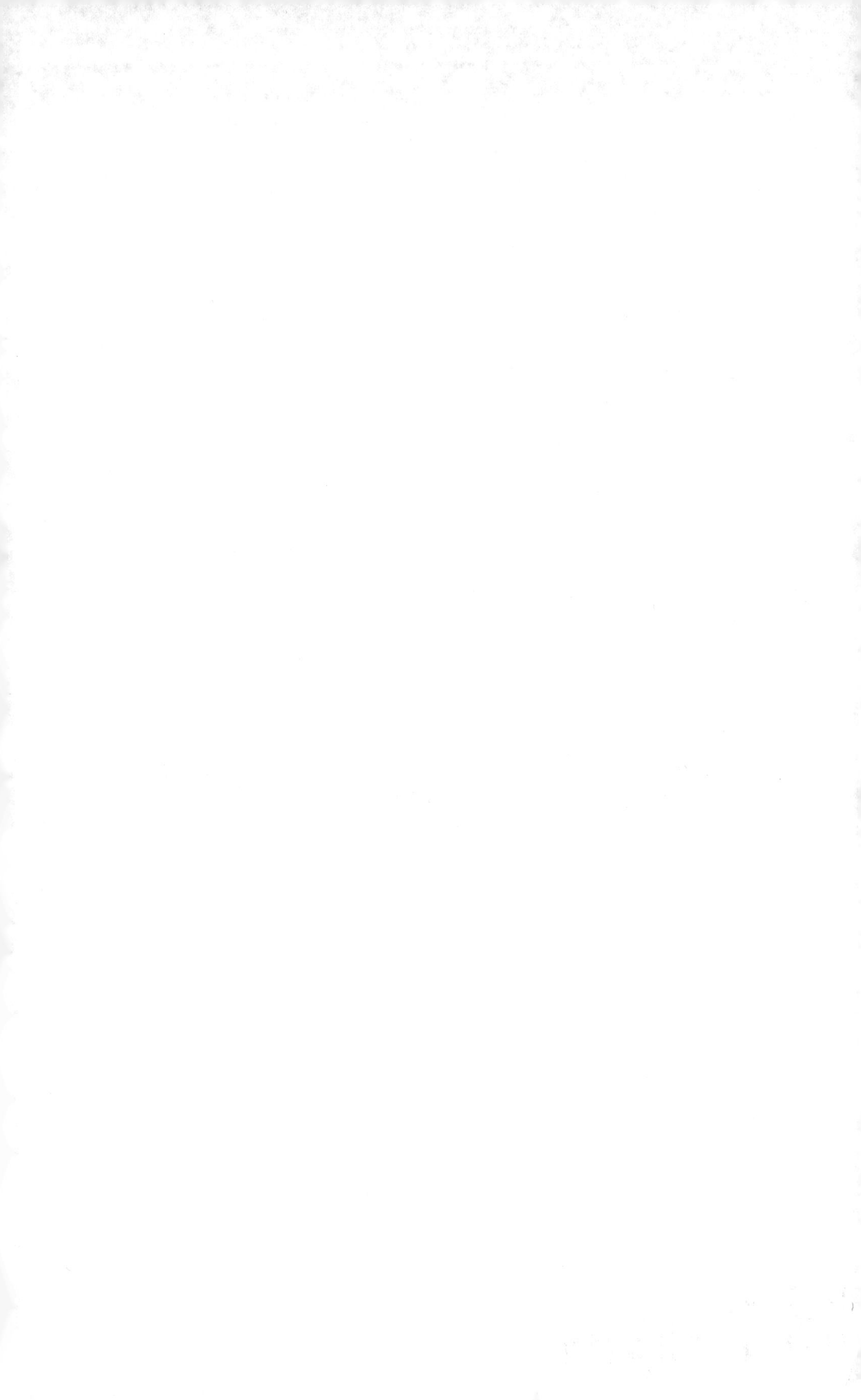

www.ingramcontent.com/pod-product-compliance
Lightning Source LLC
LaVergne TN
LVHW011959160826
845678LV00002B/625

* 9 7 8 2 3 2 9 6 7 2 2 5 0 *